그런데, 나는 누구인가

WER BIN ICH?

by Rolf Dobelli

Copyright © 2007 by Diogenes Verlag AG Zurich

Korean Translation Copyright © Thoughts of a Tree Publishing Co., 2018

All rights reserved.

This edition is published by arrangement with Diogenes Verlag AG through

Shinwon Agency Co.

그런데, 나는 누구인가

롤프 도벨리 지음 | 유영미 옮김

🌱 나무생각

서문

막스 프리슈(Max Rudolf Frisch, 1911~1991)를 아는
사람은 그가 만든 질문지에 대해서도 알 것이다.
프리슈를 발견한 이래, 나는 그의 질문지에 완전히
매료되었다. 그의 질문들에 거의 중독되다시피 하여서
몇 년 전부터는 검은 수첩을 하나 들고 다니면서 나 역시
생각나는 대로 여러 주제에 대한 질문들을 적어왔다.
여기 실린 질문들은 그중에서 뽑은 것들이다.

물론 막스 프리슈가 질문지를 맨 처음 고안한 것은
아니다. 그보다 몇십 년 전(1886)에 마르셀 프루스트가
그의 유명한 질문지를 작성하였다. 하지만 그렇다고
프루스트가 질문지를 고안했느냐 하면 그것도 아니다.
질문을 통해 스스로를 탐구하고 다른 사람에게 자신에
대해 알리는 일은 19세기 영국 사교계에서 즐겨 하던
놀이였다. 사실 자신과 다른 사람에게 질문을 던지고,
이런 질문을 통해 가면을 벗고 자신이 어떤 사람인지를
노출시키고자 하는 충동은 존재의 근원에서부터 이미

출발한 것이다.

프리슈는 질문을 아포리즘(aphorism; 명언, 격언)을
변형한 형태의 진정한 예술 형식으로 끌어올렸다.
질문은 아포리즘을 한 단계 격상시킨 것이라 할 수
있다. 아포리즘보다 더 전복적이면서도 짓궂게 생각과
마음을 조명해 주는 것이기 때문이다. 그것도 관청
설문 조사처럼 뭔가 점잖은 형태로 위장하고서 말이다.

이 책은 이런 질문지의 전통을 이으면서도 한
걸음 더 나아가고자 하는 시도다. 프리슈에 대한
오마주(Hommage)이기도 하다.

롤프 도벨리

차례

,

누구나 인생에 한 번은 물어야 할 질문들

정체를 노출시키는 엉뚱하고 진지한 질문들

날카로운, 혹은 새로운 질문들

당신의 속을 슬쩍 떠보는 질문들

마음속 소중한 것을 이끌어내는 질문들

직접적이고 현실적이며, 지적인 질문들

상냥하거나 예의를 갖추지 않고 치고 들어오는 질문들

자신의 목표를 새롭게 만나게 하는 질문들

탁월한 삶의 철학이 담긴 질문들

때로는 빠르게, 때로는 느리게 묻고 답하는 질문들

삶
——————————— ,

당신이 유괴되었다고
가정했을 때,
몸값은 어느 정도가
적절할까요?

공감하는 사람이 되고 싶나요, 똑똑한 사람이 되고
싶나요?

|

어느 쪽이 더 나을까요?

a. 나이보다 마음이 젊은 것

b. 마음으로 느끼는 것보다 나이가 젊은 것

|

하고 싶은 이야기를 제대로 하지 못해서 괴롭나요?
부부 싸움을 할 때나 동료들과 대화를 할 때는
어떤가요? 하고 싶은 말을 다 하는 것보다 못하는 것이
차라리 다행이라고 생각할 때가 있나요?

|

무심히 살기보다 때때로 자신을 성찰하는 자세로 살면
좋을까요?

|

당신 한 목숨을 바쳐 사람들의 목숨을 구할 수 있다고
할 때, 몇 사람의 목숨을 구할 수 있어야 기꺼이 당신의
목숨을 내놓을 것 같나요? 정확한 숫자를 말해보세요.

|

당신은 자기 자신에 대해 얼마나 잘 알고 있나요?
당신의 자기 인식이 얼마나 빈약한지 생각해본 적
있나요?

|

당신에게 자녀가 있다면 당신과 비슷한 삶을
살아주기를 바라나요?

|

당신이 예의를 잘 지킬 때면 스스로 도덕적인
사람이라는 생각이 드나요?

|

일을 할 때 당신과 비슷한 사람이 더 많은 편이
좋은가요? 아니면 당신과 비슷한 사람이 적은 편이
좋은가요?

|

누군가의 행동이 당신 자신을 떠오르게 할 때 그
사람에게 호감이 느껴지나요? 아니면 비호감인가요?

|

오늘 하루 일과 중 어떤 부분을 다시 반복해서
경험하고 싶은가요? 구체적으로 말해보세요.

|

인간이 인간에게 수수께끼로 남는 것, 즉 아무도
당신을 제대로 알지 못하고 당신 스스로도 자신을
완벽하게 알지 못하는 편이 더 안도감을 줄까요?

|

인간의 99%는 물과 탄소 화합물로 이루어져 있다는
이야기를 들으면 기분이 나쁜가요? 아니면 이런
기본적인 결합을 생각하면 마음이 더 가벼워지나요?

|

지금까지 당신이 했던 말 중에서 어떤 말을 철회할 수
있다면, 어떤 말을 철회하고 싶은가요?

|

당신이 결코 입 밖에 낼 수 없었던 말을 할 수 있다면
어떤 말을 하고 싶은가요? 정확한 말로 표현해보세요.

|

의무적으로 성형수술을 한 군데 해야 한다면? 비용도
안 들고, 성공까지 보장된다면 자신의 어떤 부위를
고치고 싶은가요?

|

당신의 생명이 어떤 상황에서 잉태되었는지 알고
싶은가요? 합의된 관계였는지, 술이 작용했는지,
당신이 만들어지는 순간 어떤 생각이 오갔는지 등등.

|

당신이 만들어지기까지 얼마나 많은 노력이
필요했는지 알고 싶은가요?

|

자기 자신을 본래의 모습과 조금 다르게 보고 있지는
않은가요? 그렇다면 어떻게 다르게 보고 있나요?

삶이 제공하는 내용에 얼마나 만족하고 있나요?

당신은 내적으로 어떤 도덕적 장비를 갖추고 있나요?

인생에서 가장 창피했던 순간을 세 가지 꼽아보세요.

|

창피한 일이 있은 뒤 그에 대해 다시 웃기까지 얼마나 걸리나요? 이 시간을 단축시킬 방법을 가지고 있나요?

|

정말로 모든 면에서 똑같은 당신의 분신이 있다면 그 분신에게 구체적으로 무엇을 기대할 수 있을까요?

|

자신의 분신에 대한 사용 설명서에 빠져서는 안 되는
내용은 무엇일까요?

|

왜 이 시대에 태어났는지 모르겠다고요? 그러면
당신은 몇 세기에 살고 싶나요?

|

당신의 긍정적인 사고가 일에 영향을 끼친 적이 얼마나
자주 있었나요?

|

다음 중 당신을 가장 화나게 하는 것은 무엇인가요?

a. 무식한 것

b. 개념 없는 행동

c. 아무것도 배우지 않으려고 하는 것

d. 덜렁대고 잊어버리는 것

e. 어리석은 것

|

사색을 통해 이르게 된 통찰은 평균적으로 얼마나 오래
지속되나요?

|

스스로에게 편지를 써야 한다면 뭐라고 쓸까요?

|

솔직히 당신은 어떤 사람인가요?

|

인생 목표

——————————————— ,

당신 인생의 전성기는
언제였나요? 아니면
전성기가 앞으로 올 거라고
생각하나요?

당신 인생의 목표는 무엇인가요?

|

50년이 지나면 당신은 어디에 있을까요?

|

당신의 인생 계획 중 언뜻 보기만 해도 비현실적인
것들은 얼마나 많은가요? 실행하려고 할 때 벽에
부딪힐 만한 것들은 또 얼마나 많을까요?

|

목표 지향적인 사회보다 소소하고 작은 일에서 인생의
의미를 찾는 사회에 살고 싶은가요?

자주 처하게 되는 당신의 상황은 어떤 것인가요?
a. 부적절한 장소의 부적절한 사람
b. 부적절한 시간의 부적절한 사람
c. 그냥 부적절한 사람

스스로를 어떻게 되든 그냥 내버려 둘 수 있나요? 또는
다른 사람을 그냥 내버려 둘 수 있나요?

소망을 만들어내는 것과 소망을 억누르는 것 중 당신은
무엇이 더 쉬운가요?

|

어떤 기준으로 인생 계획을 세우나요? 시금석 같은
것이 있나요?

|

아침에 깨어난 뒤 '꿈속의 삶과 현실의 삶이 바뀌면
얼마나 좋을까'라고 생각한 적이 많은가요?

|

당신이 그동안 중요하게 생각하던 일을 중요하지 않게
보기 위해서는 얼마나 많은 걸림돌이 필요할까요?

|

모든 것이 늘 계획과 달라지는 것이 놀랍나요? 이렇게
계획이 수포로 돌아가는 것이 스스로의 책임이라고
보나요?

|

삶의 이유와 목표를 근본적으로 캐물은 것이
언제였나요? 아니면 그저 그때그때 주어진 현실에
충실하게 살아가나요?

|

인류가 멸망의 길로 가지 않도록 막아주는 가장 큰
버팀목은 어디에 있다고 생각하나요?

|

당신의 인생에서 은밀하게 간직한 목표가 있나요?
그것을 바라는 이유가 무엇인가요?

|

스스로 세운 목표인데 썩 마음에 들지 않는 것도
있나요?

|

생각
——————————————,

잠시 아무 생각도 하지
않으려고 할 때,
불쑥 어떤 생각이
떠오르나요?

당신이 오늘 하는 생각의 대부분이 어제도 생각한
것들인가요?

|

지금까지 살아오면서 생각을 게을리했던 영역이
있나요? 어떤 영역인가요?

|

차라리 하고 싶지 않은 생각은 무엇인가요?

|

인간 두뇌에 여러 가지 운용 체계를 사용할 수 있다면
당신은 어떤 공급자에게서 운용 체계를 구입하고
싶은가요?

a. 마이크로소프트

b. 오픈 소스(가령 리눅스 같은 것)

c. 수작업으로 만든 것(가령 부모가 만든 것)

d. 특정 정당이 만든 것

e. 심리 치료사가 만든 것

다양한 여론들을 접할 때, 각각 일리가 있다고
생각하는 편인가요?

생각만으로 누군가를 죽일 수 있다고 할 때, 그런
가능성을 이용하겠어요? 만약 그렇다면 누구를
대상으로 그 가능성을 활용하겠어요?

|

아무리 좋게 봐줘도 도저히 의미를 부여할 수 없는
경험은 어떤 것들일까요?

|

당신이 오늘부터 생각을 두 배로 빨리 할 수 있거나,
행동을 두 배로 빨리 할 수 있다면, 둘 중 무엇을
선택하고 싶은가요?

|

자신이 결코 생각하지 않는 것들이 어떤 것인지를
알 수 있다면 그것을 아는 데 얼마를 지불할 마음이
있나요?

|

도무지 생각조차 할 수 없는 일이 있나요?

|

당신이 무슨 생각을 하는지 얼굴에 다 나타난다면
더 정확히 생각하게 될까요? 아니면 조심하느라 더
느리게 생각할까요? 아니면 그냥 상식적으로 부적절한
생각만 피하게 될까요?

|

어떤 깨달음에 맞게 행동하기 위해서는 깨달음 외에 또
무엇이 필요할까요?

|

희망을 만들어내는 당신만의 특별한 방법이 있나요?

|

희망을 가지는 것이 앞날에 어떤 영향을 끼칠 수
있다고 생각하나요?

|

한 해 동안만 해도 수많은 뉴스들이 쏟아져 나와요.
지난해 뉴스 중 당신의 삶에 직접적으로 영향을 끼친
뉴스는 어떤 것이었나요? 예를 들면 뉴스 덕분에
개인적인 피해를 미연에 방지하거나 어떤 유익을
얻거나 하면서요.

차라리 피하고 싶은 깨달음들에는 무엇이 있을까요?

누군가 당신의 생각이 틀렸다고 강력히 주장하면
당신은 자신의 의견을 바꾸는 편인가요?

기대 수준을 낮추는 일을 얼마나 잘하는 편인가요?

|

거의 모든 것을 잊어버리지 않고 기억할 수 있다면
좋을까요? 아니면 어떤 경험을 한 뒤에 그 기억을
남김없이 지워버릴지, 아니면 기억으로 남겨둘지
선택하는 편이 더 좋을까요?

|

어떤 기억의 강도는 그 기억이 갖는 의미와 얼마나
상관성이 있을까요?

|

진리를 생각으로만이 아니라 몸으로도 지각할 수
있을까요?

당신이 신체를 가진 존재라는 사실이 당신의 생각을
얼마만큼 좌지우지하나요?

당신이 생각하는 것 중 중요하기 때문에 생각하는 것은
어느 정도로 많은가요? 그냥 즐거워서 하는 생각은 또
얼마나 많은가요?

과거의 일도, 미래의 일도 전혀 생각하지 않는
순간들이 있나요?

|

앞당겨 생각하는 것, 혹은 돌아보며 반성하는 것 중
당신에게는 무엇이 더 쉬운가요?

|

우울함, 의욕 없음, 분노, 황홀감 등 단호한 행동이나
성공으로부터 멀어지게 하는 감정들을 모두 제거할 수
있다고 해봐요. 단, 한번 제거하면 돌이킬 수 없어요.
그런 감정들을 제거할 건가요?

|

퍼뜩 떠오르는 생각에도 책임감을 느끼나요?

|

뭔가 좋은 생각을 하고 싶을 때 당신은 무슨 생각을
하나요?

|

사안이 중요할수록 생각하는 시간이 긴 편인가요?
가령 자동차 구입이나 결혼 등 사안이 중요한 것과
생각하는 시간 사이에는 어떤 관계가 있나요?

|

의식적으로 생각하지 말아야 하는 것들이 있나요?

진화 과정에서 인간의 의식이 어떤 방향으로든 계속
발전해나갈 것이라고 생각하나요? 아니면 인류가
인지적인 면에서 이미 최상의 상태에 도달했다고
생각하나요?

진화 과정에서 식물에 인간을 능가하는 의식이 깃들지
않은 것은 무엇 때문일까요?

두통이 있을 때 혹시 뇌종양인가 생각하곤 하나요?
얼마나 자주 그런 생각을 하나요?

|

힘이 있다면 검열을 하고 싶은 책이나 영화, 신문
기사가 있나요?

|

생각이 잠재의식 속으로 스며들어가는 걸 어떤
방법으로 막을 수 있을까요?

|

생각하는 사람은 얼마나 관대해질 수 있을까요?

당신을 변화시킬 수 없는 경험은 당신에게 얼마나
가치가 있나요?

지식

――――――――――――,

진실을 알아서
이익이 되는 것과
손해가 되는 것이 있을까요?

당신이 확실히 알고 있는 것은 무엇인가요?

|

자신이 지금 무엇을 원하는지 확실히 알고 있나요?

|

당신이 지금 가장 궁금해하는 것은 무엇인가요?

|

다음 중 어떤 상황에서 당신의 확신을 바꿀 마음이
있나요?

a. 모순적인 사실들이 밝혀졌을 때

b. 확신이라고 여겼던 것이 구식이 되었을 때

c. 권위 있는 사람의 영향이 있을 때(배우자나 회사
   수뇌부, 컨설턴트)

d. 새로운 삶의 조건 때문에(이민, 해고, 출산, 이혼, 파산
   등)

e. 그 확신이 개인적으로 해가 될 때

f. 죽음 직전에

확신이 아닌 예감으로 그치는 것이 더 좋은 경우가
있겠지요? 어떤 경우일까요?

현재 자신이 무슨 생각을 하고 있는지를 얼마나 자주
인지하고 있나요?

일반적으로 당신은 얼마나 오래 침묵을 견딜 수
있나요?

당신이 다른 사람의 생각을 읽을 수 있으면 좋을까요?
반대로, 다른 사람도 당신의 생각을 읽을 수 있다면요?

일어나는 일이 눈에 확연히 보이는 것처럼 그 일이
일어나는 이유까지 볼 수 있다면 세상은 얼마나
달라질까요?

|

때로 당신이 많이 알고 있다는 것이 부담으로
느껴지나요?

|

만약 당신이 오늘날의 지식수준을 갖추고 석기시대에
산다고 해봐요. 당신의 삶은 다른 사람들과 어떻게
달라질까요?

|

당신은 책을 원칙적으로 끝까지 읽나요?

|

어떤 책이 당신에게 더 중요한가요?

a. 이미 읽은 책

b. 아직 읽지 않은 책

|

진실에 대한 당신의 의지는 얼마나 강한가요?

|

행동

————————————,

깨달음으로부터 행동에
이르는 편이 나은가요?
행동으로부터 깨달음에
이르는 편이 나은가요?

삶의 원칙을 정할 때 어떤 기준을 따르나요?

|

권력이 직접적으로 눈에 보이면 처신하기가 더
쉬울까요?

|

당신의 삶은 진보하고 있나요? 무엇으로 그것을 알 수
있나요?

|

스스로를 변화시키는 능력과 스스로 변화하고 싶은
마음 중 무엇이 더 강한가요?

|

할 말이 떠오르지 않아 침묵한 덕분에 도리어 화를
면했던 적이 얼마나 많은가요? 또는 할 말이 떠올라
화를 면했던 적은 얼마나 많은가요?

|

말을 너무 많이 하는 경향이 있나요? 아니면 너무
적게 하나요? 아니면 당신 스스로는 그저 적절하게
말하는 것 같은데, 듣는 사람들이 당신더러 말이 너무
많다거나, 적다고 말하나요?

|

옥에서 티를 찾는 습관이 있나요? 어떤 일이 최소한
얼마만큼 좋아야 그런 습관에서 벗어날 수 있을까요?

|

당신은 무엇이 부끄럽나요?

|

당신의 수치심은 얼마나 정확한가요? 예전에는
부끄러워했던 것인데 오늘날 생각해보니 별것 아닌
것들도 있나요?

|

당신이 병으로 인해 정확히 6개월밖에 살지 못한다면
그 기간에 무엇을 할 건가요?

|

6개월 뒤 당신이 완전히 치유되었다면, 당신은 각종
의미 없는 일들을 다시 시작할 건가요? 절대로 그러지
않을 거라면, 지금 그런 쓸데없는 일들을 하는 이유는
무엇인가요?

|

당신의 삶이 이 지구상에서 행복이 조금 더 늘어나는
데 기여한다고 생각하나요?

|

당신이 주로 다른 사람에게 과시할 목적으로 해온
취미가 있나요?

|

당신은 기대에 부응하는 편인가요?
a. 일에서?
b. 여자로서? 남자로서?
c. 인간으로서?

|

당신의 두려움은 얼마나 신빙성이 있나요? 두려움이
실제 위험의 정도에 상응하나요? 너무 크거나 너무
작을 때도 있나요?

|

두려움을 정확히 상황에 맞게 조절할 수 있다면 당신은
어떤 경험을 놓치게 될까요?

다음의 경우에 당신은 용기와 신중함 중 무엇을 더
높이 평가하나요?
a. 친구의 경우
b. 연인이나 배우자의 경우
c. 자녀의 경우
d. 헤어스타일의 경우
e. 당신이 돈을 위탁한 펀드 매니저의 경우
f. 정치인의 경우
g. 세계사 속 인물인 경우

당신은 얼마나 용기 있는 사람이 되고 싶나요?

갑자기 용기를 잃어버리고 움츠러든다면, 그것을
실패로 여길까요, 아니면 선견지명으로 여길까요?

용기가 위험을 신중하게 고려한 결과라고 전제할 때,
당신은 어째서 용기 있는 사람을 이성적인 사람으로
보지 않나요? 당신이 누군가를 용기 있다고 말하려면
그 사람은 얼마나 비이성적이어야 할까요?

당신은 삶 속에서 얼마나 놀람을 배제하고
살아가나요?

|

용기가 너무 많은 것, 용기가 너무 없는 것 중 어느
것으로 인해 자주 좌절하나요?

|

과거 중 하루를 지울 수 있다면 당신은 어떤 하루를
지울까요? 그 이유는 무엇인가요?

|

당신은 알고 있는 것과 실생활 간의 간극을 어떻게
극복하나요?

|

당신이 선한 행동을 하는 경우, 그 행동을 하는 동기는
무엇인가요?

|

모르는 사람이 당신의 행동을 유심히 관찰하면 당신이
중요하게 여기는 것이 무엇인지 추측할 수 있을까요?

|

행복

———————————,

행복을 팔 수 있다면
어떤 상황에서
팔 마음이 있나요?

당신은 행복을 예측하는 일을 잘하는 편인가요? 가령
자동차, 집 등 뭔가를 마련하는 것과 관련해서도요?

|

행복을 느낄 때, 정확히 무엇이 당신을 행복하게
하나요?

|

행복한 순간과 절망하는 순간 중 어느 때가 당신의
본모습에 가깝다고 생각하나요?

|

행복한 순간을 혼자서 누리고 싶은가요, 아니면
사람들과 함께 누리고 싶은가요?

　|

무엇이 자신을 행복하게 하는지 알고 있나요? 아니면
당신에게 행복은 예측할 수 없는 성질의 것이라, 그저
위에서 내려오는 선물처럼 여길 뿐인가요?

　|

자신의 인생에서 애초부터 배제해버린 행복이 있나요?
어떤 종류의 행복인가요?

　|

당신이 기대하는 것과 주변 세상이 조화를 이루도록
하기 위해서 당신은 어느 부분을 손보고 싶은가요?

a. 세상

b. 당신의 기대(즉, 당신 자신)

c. 세상에 대한 당신의 해석

d. '조화'라는 단어의 해석

크나큰 행복을 누리기 위하여 인생의 어느 순간에 큰
불행을 맛보아야 한다면 행복을 위해 불행을 감수할
생각이 있나요? 아니면 그저 이슬비처럼 소소하고
고요하게 내리는 행복을 맛보는 쪽이 더 나은가요?

행복을 삶 전체에 어떻게 배분하고 싶은가요?

a. 가능하면 젊은 시절에 많이 경험하게 하고 싶다.

b. 인생 전체에 걸쳐 균형 있게 돌아가게 하고 싶다.

c. 가능하면 노년에 행복하고 싶다.

d. 우연에 맡기겠다. 행복을 배분하는 책임을 지고
   싶지 않다.

e. 코치나 컨설턴트, 멘토, 심리 치료사 등 전문가에게
   행복을 적절히 배분하는 일을 맡기고 싶다.

f. 행복에 대한 자기 결정권을 믿지 않는다. 설사
   나 자신에게 결정권이 주어지더라도 적극적으로
   활용하지 않을 것이다.

|

당신이 많은 행복을 누리고 있다면, 이로 인해 일종의
의무감을 느낄까요?

|

5년 뒤에 무엇이 당신을 행복하게 만들지를 오늘 당장
안다면 당신은 더 행복해질까요?

|

자신이 누리는 행복을 무엇으로 정당화하나요?

a. 다른 부분의 불행(신체적 결점, 불안정한 파트너 관계,
   실연 등) 혹은 인생의 다른 시기에 겪은 불행(불우한
   유년기, 전쟁, 포로 생활 등)

b. 유전이나 소질(높은 지능, 성실, 강인한 성격 등)

c. 신과 같은 위대한 존재의 선택을 받았다고
   생각한다.

d. 우연으로 여긴다.

|

'더 이상 아무 바랄 것이 없이 행복하다'는 말에서
당신에게는 어떤 부분이 더 중요한가요? 바랄 것이
없다는 것, 아니면 행복하다는 것?

|

당신의 인생에 클라이맥스는 몇 개쯤 있는 것이
정당할까요?

|

아무리 자세히 살펴봐도 당신이 행복한 이유를
찾을 수 없는 순간들이 있나요? 그러면 그로 인해
당황스럽나요?

|

행복에 민감한 사람, 즉 작은 것에 행복해하는
사람이 되기 위해 당신에게는 얼마나 많은 실망이
필요할까요?

|

당신을 행복하게 하는 가장 작거나 소박한 단위는
무엇인가요?

|

무엇이 당신을 행복하게 했을지 생의 마지막에는 알게
되겠죠? 그것을 미리 알고 싶은가요? 아니면 그걸 미리
알면 오히려 비참해질까 봐 겁이 나는 편인가요?

|

당신의 행복과 불행은 내적인 부분이 아니라 외적인
부분이 결핍된 것에 기인하나요?

|

큰 괴로움이 없는 걸로도 이미 행복한 것일까요?

|

당신의 기쁨을 망가뜨리는 최대의 원인은 어디에
있나요?

|

가장 최근 오로지 자신을 위해 좋은 음식을 먹은 것이
언제인가요?

|

당신이 누리는 행복 중 얼마만큼이 인생의 의미를 아직
발견하지 못한 덕분일까요?

|

거짓말

──────────────────────,

거짓말을 한다는 걸
알지 못하고 한다면,
정말로 거짓말을 하고 있는
것일까요?

비밀을 좋아하나요?

|

현재 얼마나 많은 비밀을 지니고 있나요?

|

비밀로 간직했던 것 중 어느 정도를 이미
잊어버렸나요?

|

비밀을 잊어버리는 것이 싫은가요? 아니면 잊어버리면
뭔가를 계속 생각하지 않아도 되어 더 좋은가요?

|

스스로 비밀을 지키는 편인가요?

|

어떤 비밀이 나중에 사실이 아닌 것으로 드러난다면
그것은 여전히 비밀일까요?

|

당신이 전폭적으로 신뢰하는 사람들에 대해 말해
보세요.

어떤 사람의 신뢰 리스트에 당신이 포함되어
있을까요?

다른 사람에게 거짓말하는 사람에게는 거짓말해도
괜찮을까요?

당신은 반려동물을 얼마만큼 신뢰하나요?

|

누구에게 거짓말하는 것이 더 자연스러운가요? 다른
사람? 혹은 자기 자신?

|

당신에게 뭔가에 대해 함구하는 사람은 거짓말을 하는
것일까요?

|

누구의 거짓말을 더 쉽게 용서하나요? 타인의 거짓말?
혹은 자신의 거짓말?

|

어떤 것이 가장 나쁜 거짓말이라고 생각하나요?

a. 하얀 거짓말

b. 역사적 거짓말

c. 회계 서류 위조

d. 표절

e. 가짜 오르가슴

f. 사랑에 대한 거짓말

g. 삶과 죽음에 대한 거짓말

|

거짓말을 하는 경우 당신은 의도적으로 거짓말을
하나요? 아니면 배가 얼음에 부딪히듯 대화 중에
인지하지 못하고 거짓말에 걸려들어 가나요?

|

아무에게도 상관이 없는 거짓말은 거짓말이 아닐까요?
이웃 나라에 대한 빗나간 일기예보처럼 속은 사람이
전혀 중요하게 여기지 않는 거짓말이라면요?

|

누군가 당신에게 잘 지내냐고 물을 때, 거짓말을
하지 않으려면 이 질문에 얼마나 상세히 대답을 해야
할까요?

|

당신이 평소 가장 즐겨 사용하는 핑곗거리는
무엇인가요?

|

당신이 댄 핑계 중 가장 나쁜 내용은 무엇이었나요?

|

당신은 종종 누구에게 속아 넘어가나요?

a. 당신이 아는 사람들

b. 당신이 알지 못하는 사람들(가령 전 세계의 마케팅
   전문가들)

|

상대에게 해를 끼치지 않으면서 당신에게 유익이 되는
거짓말은 비난받을 만한 것일까요? 비난받을 만한
것이라면 그 이유는요? 비난받을 만한 것이 못 된다면
그 이유는요?

하얀 거짓말도 너무 자주 사용하면 좋지 않을까요?
얼마나 자주 사용하면 그렇게 될까요?

어떤 거짓말이 당신에게 진실처럼 느껴지기까지
평균적으로 얼마나 오래 그 거짓말을 해야 하나요?

거짓말을 하도록 강요당한 적이 있었나요. 가령
상사로부터?

아이들은 몇 살부터 거짓말을 시작할까요?

당신이 현재 살아가고 있는 곳에서 거짓말하지 않고,
과장하거나 허풍 떨지 않고 사는 것이 가능할까요?

감정 _____,

새로운 감정을
개발할 수 있다면
어떤 감정을 개발하고
싶나요?

당신 생각에 완전히 무가치한 감정이라고 여겨지는
감정들이 있나요?

|

신체적 통증으로 대치하고 싶은 감정적 고통은 어떤
것이 있을까요?

|

행동을 유발하는 것이 욕망이라는 것을 깨달을 때
당신은 자존감을 잃을까요? 아니면 그 사실이 더 목적
지향적으로 일하게 하는 힘이 될까요?

|

이유 없는 분노를 느끼는 일이 얼마나 잦은가요?

|

과거를 돌아보며 화를 낼 때가 많은가요? 아니면
미래를 생각하며 화를 낼 때가 많은가요?

|

불확실한 상황을 감정(희망, 두려움 등)으로 채우지 않고
담담하게 견딜 수 있나요? 어느 정도나 그렇게 할 수
있나요?

|

이성과 감정의 이상적인 혼합 비율은 어떻게 될까요?

|

'감정'을 생각할 때 첫 번째로 떠오르는 감정은
무엇인가요?

|

생각할 때마다 당신을 행복하게 만드는 감정이
있나요? 아니면 이런 감정들은 이미 지나간 일이기에
약간 서글퍼지는 편인가요?

|

당신이 경험한 것보다 훨씬 더 강력한 감정들을 상상할
수 있나요?

혼자 있을 때 지루해하는 편인가요? 아니면 사람들과
함께 있을 때가 더 지루한가요?

당신이 잘못했음을 깨닫도록 하는 감정들이 있나요?

당신이 이성적인 인간이라면 당신에게 감정은 대체
무엇인가요?

a. 얼룩진 사고

b. 낭만적 유전

c. 중요하지 않은 일들을 결정하기 위한 수단(가령
   맥도날드냐 버거킹이냐 등)

d. 중요한 일을 결정하기 위한 수단

e. 삶의 의미 그 자체

f. 동물적 잔재

|

더 이성적인 사람이 되기 위해 감정을 포기할 용의가
있나요?

|

선물
_____ ,

유용한 선물과
마음이 담긴 선물 중
어느 것이 더 좋은가요?

평소에 현금은 선물로 적합하지 않다고 여기나요?
왜 그렇다고 생각하나요? 또는 왜 그렇지 않다고
생각하나요?

|

마음이 들지 않는 선물을 받았을 때 당신은 어떻게
감사를 표현하나요?

|

선물 값을 어느 기준에 맞추나요?

a. 당신의 현재의 금전 상황

b. 선물을 받는 사람의 금전 상황

(b인 경우: 선물을 받는 사람이 경제적으로 윤택할수록 선물
값이 그만큼 비싸지나요? 아니면 반대인가요?)

|

자기 자신에게 선물을 하는 것은 필요한 물건을
구입하는 것과 어떤 점이 다른가요?

|

당신이 주기만 하고 상대로부터는 오는 것이 하나도
없는 경우, 어느 정도까지 되어야 선물 주기를
중단할까요?

|

답례로 선물을 하지 않고 단순히 감사 인사만 전한다고
할 때, 이것이 답례 선물을 얼마나 오래 대신할 수
있을까요?

|

선물로 받은 물건보다 자신이 돈 주고 산 물건에 더
애착을 가지는 편인가요? 그 때문에 다른 사람에게
선물하는 것을 불필요하다고 여길 수도 있을까요?

누군가 당신에게 선물을 준다고 할 때, 혹 거절하고
싶은 사람들이 있나요?

선물을 받았는데 필요하지 않은 물건인 경우, 그것을
버리기 전에 평균적으로 얼마나 오래 가지고 있나요?

선물을 받은 물건을 다른 사람에게 다시 선물할 때
약간 주저하나요? 그렇다면 그 이유는 무엇인가요?

  |

그것이 당신의 마음에 들지 않는 선물일 때는
어떤가요? 주저하는 정도가 덜한가요?

  |

선물을 받고 도리어 기분이 나빠진 경우가 있나요?
또는 그 선물을 한 상대가 도리어 미워진 경우가
있나요?

  |

부모에게서 받는 유산도 선물일까요?

|

당신은 종종 전략적으로 선물을 하나요? 얼마나 종종
그런가요?

|

부담스럽지 않게 크리스마스나 명절이 2년에 한 번
돌아왔으면 좋겠다고 생각한 적 있나요?

|

크리스마스에서 생략하고 싶은 것은 무엇인가요?

a. 선물

b. 계절

c. 야단법석을 떠는 분위기

d. 크리스마스캐럴

|

동물들은 왜 서로 간에 아무것도 선물하지 않을까요?

|

당신은 상대를 생각하고 있다는 것을 표시하기 위해
선물을 하는 경우가 종종 있나요? 그렇다면 평소에 그
사람을 생각하고 있다는 것을 왜 직접 말하지 않나요?
말 대신 선물을 고르는 것이 더 쉬운가요?

|

선물을 받음으로써 당신이 인정받는다고 느껴지나요?
다른 사람에게서 선물을 받고 그런 느낌을 받은 적이
있나요? 어떤 선물이었나요?

성공

────────────────────,

성공은 재능이
있고 없음에 좌우될까요?

당신은 개인적으로 얼마나 많은 성공을 필요로
하나요?

|

당신은 스스로 성공할 만하다고 생각하나요? 무엇으로
미루어 그렇게 생각하나요?

|

성공이 성과물(커리어, 부, 명성) 대신 과정(노력, 일,
땀)으로 정의되면 더 좋을까요?

|

당신의 성공이 우연의 결과라고 한다면, 이것이 당신의
자존감을 약화시키나요? 아니면 그런 경우 보이지
않는 힘이 당신을 선택했다고 여겨져 자존감이 더
높아지나요?

자연을 바라보면 성공과 같은 단어가 생소하게
느껴져요. 당신은 성공이 어떻게, 언제 세상에
들어왔다고 생각하나요? 그날을 저주하고 싶은가요?

모든 사람이 성공을 한다면 세상은 더 나은 세상이
될까요?

예기치 않은 실패, 예기치 않은 성공 중 무엇이
당신으로 하여금 더 생각하도록 만드나요?

|

삶을 통한 배움이 지속되는 경우, 나이가 들어가면서
성공이 더 많아지고, 실패하는 일이 더 줄어들까요?
당신의 경우도 그런가요?

|

죽은 뒤에야 유명세를 얻은 예술가는 성공한
예술가일까요?

|

말로 설명할 수 없는 성공도 있을까요?

|

당신이 아직 젊다면, 앞으로 얼마만큼 성공할 수
있는지, 또는 얼마만큼 실패할 것인지 지금 알고
싶은가요? 당신이 나이가 들었다면, 과거의 삶에 대해
얼마만큼 성공한 것인지 혹은 실패한 것인지를 누가
판단해주었으면 하나요?

|

친구나 이웃이 성공하는 걸 보고 배가 아픈 경우가
있을까요? 친구나 이웃이 어떤 성공을 하면 그렇게
될까요?

|

때로 당신은 좋은 패자보다 나쁜 승자가 되고
싶은가요?

그렇게 되면 사람들이 당신을 시기할까요?

그 이유가 당신이 부러움을 사고 싶은 이유와
일치할까요?

노벨상을 받을 수만 있다면 기꺼이 내어줄 수 있는
것은 무엇인가요?

a. 전 재산

b. 연인 또는 배우자

c. 건강

d. 웃음

실패가 성공의 초석이 된 사람들을 알고 있나요?

성공을 의도적으로 거부한 사람들을 알고 있나요?

당신이 실패하는 경우 그것은 계획이 잘못되었기
때문인가요? 아니면 실행하는 과정이 잘못되었기
때문인가요? 아니면 두 개가 혼합되어 빚어진
일인가요? 즉, 계획하면서 실행하기 시작해서, 또는
실행하면서 계획하기 시작해서?

우리는 무엇으로부터 더 많이 배울 수 있을까요?

a. 성공으로부터

b. 실패로부터

당신이 만약 실패한다면, 어떻게 실패하길 바라나요?

눈에 보이는 금전적 성공 대신 내적인 충만을
이야기하게 되는 날은 언제일까요? 아니면 금전적으로
성공하지 못할 것이 확실해져야 비로소 삶의 의미의
전환이 이루어질 수 있는 걸까요?

|

성공이 유전자에 기초한다고 하면, 당신은 누가 유전자
치료를 받았으면 하나요?

a. 모두가

b. 아직 젊은 사람들

c. 성공하지 못한 사람들

d. 치료를 감당할 수 있는 사람들

|

유전적 소질, 학벌, 집안과 무관하게 오로지 능력만을
중시하는 사회가 당신 개인에게는 더 유익할까요?

|

당신이 성공을 한 경우 그 성공이 당신의 정당성을
입증해줄 거라고 생각하나요?

|

경력
─────────────────── ,

경력에 대해 보장 보험을
들고 싶은가요?
그렇다면 보험료는
얼마쯤 내고 싶은가요?

당신이 사장이라면 당신 같은 직원을 고용할까요?

|

직원들이 선거로 상사들을 뽑을 수 있다면 당신이 속한
기업은 세계 시장에서 얼마나 오래 버틸 수 있을 것
같나요?

|

당신은 누구를 더 신뢰하지 못하나요? 부하 직원들?
아니면 상사들?

|

당신은 먹고살기 위해서가 아니라 인간관계,
자아실현 등 다른 동기로 일하는 사람에 속하나요?
그렇다면 당신은 먹고살기 위해 일하는 사람들을
어떻게 대하나요? 그들을 당신의 일에 부적합하다고
생각하나요?

|

케임브리지 대학의 연구에 따르면 기업 평균 수명이
12년 정도라고 합니다. 거의 강아지의 평균 수명과
맞먹지요. 이에 대해 어떻게 생각하나요?

|

직업과 소명 사이의 간극을 어떻게 극복하나요? 직업
쪽에 맞춤으로써? 혹은 소명 쪽에 맞춤으로써?

|

사람들은 태초부터 일하지 않고 살 수 있기를
꿈꾸었어요. 고대 철학자들은 노동의 수고에서
해방됨으로써 더 나은 인간이 될 수 있다고
생각했지요. 그런데 오늘날은 자원해서든 일자리를
구하지 못해서든, 일을 하지 않고 살아가는 사람들이
상당히 많아요. 오늘날의 현실을 고려할 때, 고대
철학자들의 생각이 옳다고 여기나요?

아무것도 하지 않을 때 정말로 아무것도 하지 않을
수 있나요? 아니면 아무것도 할 일이 없을 때면 다음
날이나 다음 달에 대한 걱정으로 괴롭나요? 아니면
억지로 아무것도 하지 않으려고 힘쓰나요? 즉, 온갖
생각을 억제하고 게으름의 기술을 훈련하나요?

행복에의 추구를 재정적으로 감당할 수 있나요?
아니면 행복을 추구하는 것이 당신의 삶을 재정적으로
버틸 수 있도록 만들어주나요?

|

대부분의 동물의 경우 '일'은 오로지 먹잇감을 구하기
위한 것이에요. 배가 고프지 않을 때는 나무에
매달려 있거나 이 지붕에서 저 지붕으로 옮겨 다니며
지저귀거나, 나무 그늘에서 잠을 자요. 현대인은
자신의 수입의 일부만을 먹는 데 지출하고 나머지는
다른 행복을 추구하는 데 사용해요. 그런데도 대부분의
동물들은 대부분의 인간들보다 행복해 보여요. 이런
상황에 대해 어떻게 생각하는지 설명해보세요!

|

계획했던 대로 모든 것을 처리하는 날이 1년에
며칠이나 있나요? 그에 대해 어떻게 생각하나요?

|

당신이 만약 나치 시대에 살았다면 젊고 의욕적인
인간으로서 제3제국(나치 치하의 독일 제국)에서 커리어
쌓는 것을 마다할 수 있었을까요?

|

당신에게 커리어는 승진과 같은 의미인가요? 강등된
상황에서도 커리어를 쌓을 수 있을까요?

|

당신의 삶을 책임지는 매니저가 있다고 한다면, 당신은
그의 업무 능력을 어떻게 평가할 것인가요?

|

당신은 능력이 아직 다하지 않았음을 어떻게
알리나요?

|

당신은 현재 어떤 평판을 받고 있나요?

|

인생의 전성기에는 잠을 안 자도 괜찮았으면 하나요?
전혀 피곤함을 느끼지 않고, 24시간 내내 일을 할 수
있으면 좋을까요? 대신 원래 수명보다 5년이 단축되는
걸 감수하고요?

당신의 커리어를 위해 희생하고 싶지 않은 것은
무엇인가요?

일
_____,

일이라는 것이
존재하지 않는다고 해도
당신은 일을 원할까요?

당신은 당신의 상사가 되고 싶은가요?

|

실업자가 된 경험이 있나요? 왜 그렇게 되었나요? 또는
왜 그런 적이 없나요?

|

"당신은 해고입니다!"라는 소리를 들었을 때
당신의 최초의 반응은 무엇일까요? 구체적인 말로
표현해보세요.

|

당신은 실업자를 무엇으로 분간하나요? 가령 거리나
공공장소에서 실업자를 구분할 수 있나요?

|

새로운 일을 시작할 때, '얼마 안 있어 이 일도
그만두어야 할 텐데.'라고 생각하나요? 만약 그렇다면
당신은 얼마나 오래 그 자리에 애착을 가지고 최선을
다하나요? 만약 그렇지 않다면 당신이 그런 생각을
하지 않고 일을 계속할 수 있으리라 확신하는 것이
그 일을 오래 계속하는 데 긍정적인 영향을 끼친다고
믿나요? 어떻게 이런 믿음 혹은 확신을 가지게
되었나요?

|

당신은 고용주에게 얼마나 충성을 다하나요? 당신의
나이는 몇 살인가요?

|

일하는 것이 좋은가요?

|

당신에게 일이 기쁨을 준다면 그것을 과연 일이라고 할
수 있을까요?

|

당신은 광고 방송에 출연하고 싶나요? 만약 그럴
기회가 있다면 무엇을 광고하고 싶은가요?

휴가나 주말에는 온전히 쉬나요? 그렇지 않다면
얼마만큼 일을 하나요?

다른 사람들이 당신과 같은 프로젝트 팀에 소속되는 게
좋을 거라고 생각하나요?

어떤 미팅이 더 견디기 힘든가요?

a. 회사에서의 미팅

b. 집안 모임

|

일에서 가장 중요한 것은 무엇인가요? 목표를 정하는
것, 실행하는 것, 성과를 내는 것, 또는 보수를 받는 것?

|

어떤 일이 하기 싫어서 다른 일을 하는 경우가 얼마나
잦은가요?

|

당신은 얼마만큼의 월급을 받을 자격이 있을까요?

|

뭐가 더 나쁠까요?

a. 좋아하는 취미가 일이 된 경우

b. 일이 좋아하는 취미가 된 경우

|

노사 분위기가 좋지 않은 회사들이 많은 돈을 버는 것,
그것도 오랜 세월에 걸쳐 높은 이윤을 올리는 것을
어떻게 설명할 수 있을까요?

|

일에 대한 열정을 위장하는 것이 쉽지 않은 이유가
무엇일까요?

|

다음 중 당신을 가장 기쁘게 하는 것은 무엇인가요?

a. 월급날

b. 칭찬

c. 퇴직해서 연금을 받는 것

d. 점심시간

|

경영 관리

————————————,

당신을 괴롭히는 상사도
언젠가는 죽는다고 생각하면
마음이 편안해지나요?

회사 임원진에게서 상처를 받은 적이 있나요?

|

당신은 회사 경영진이 제시하는 비전에 얼마나
공감하나요?

|

회사의 비전을 서류에 써 있는 그대로 구현하는 사람을
알고 있나요?

|

당신의 꿈에 상사가 얼마나 자주 등장하나요?

당신이 선글라스 만드는 공장을 운영하고 있는데 어느 날 갑자기 더 이상 해가 뜨지 않게 되었다면 어떻게 대처할 건가요?

한 달 월급이 열 배 오른다면 어떤 원칙을 헌신짝처럼 내팽개칠 수 있을까요?

회사 경영진이 추상적인 목표를 통해 직원들에게
동기 부여를 성공적으로 하는 것이 참으로 신기하지
않나요?

|

당신 회사의 프로젝트 중 실패해야 더 희망적인
프로젝트가 있나요?

|

회사에 적이 있나요?

|

당신은 누구의 적인가요?

|

훈계를 통해 아래 직원들의 의욕을 불러일으킬 수
있다고 생각하나요? 그렇다면 어떤 훈계를 해야
한다고 생각하나요?

|

연인이나 배우자의 의욕을 불러일으킬 때도 그런
훈계가 필요할까요? 자녀들은요? 아니면 당신의
반려동물은요?

|

반려동물이 원하지 않는데도 반려동물을 대상으로
360도 덤블링 훈련을 시도한 적이 있나요?

당신의 상사가 당신이 회사에 대해 어떻게 생각하는지
알아챘다고 해봐요. 그로 인해 당신이 해고당할 염려가
있을까요? 그렇지 않다면 왜 당신은 불만을 드러내어
말하지 않나요? 기업의 안정성이 이런 침묵에
기초한다고 믿나요?

당신이 상사라면 당신처럼 생각하는 사람을
해고할까요?

회사에서 무의미한 프로젝트를 진행해야 할 때 태업한
적이 있나요?

|

왜 그렇게 하지 않았나요?

|

만약 당신이 교통사고를 당했다고 한다면, 당신의
고용주에게는 차라리 잘된 일일까요? 당신의 부하
직원들은 어떻게 생각할까요? 일반적인 회사
분위기에는 어떤 영향을 끼칠까요? 누가 당신의 일을
대신할까요? 아니면 당신을 대신할 사람이 없을까요?
어느 편이 더 낫다고 생각하나요?

|

당신은 어떤 사람에 대해 더 관대한가요? 무능력한 직원? 혹은 무능력한 상사?

|

연봉은 어느 정도일 때부터 부적절해질까요?

|

당신이 상사로서 무슨 말을 한다면, 그 말은 어떻게 될까요?

a. 겨자씨가 자라나는 것처럼 된다.

b. 수류탄이 터질 때처럼 된다.

|

당신에게 아무 도움이 되지 않는데도 통계를 믿나요?

|

직원들이 가장 큰 자산이라고 주장하는 기업들이
많아요. 당신도 그렇게 믿나요? 아니면 이에 대해 약간
더 깊게 논의하고 싶은가요?

|

당신은 자신의 취미 생활을 비즈니스라고 말하는(가령
골프 비즈니스) 사람들을 미심쩍게 생각하는 편인가요?
아니면 보증수표처럼 신뢰하는 편인가요?

|

부장이 부서원들을 목표로 이끌어가는 것을 '목표
관리(MBO; Management by objectives)'라고 해요.
그러면 임원이 부장들에게 부서원들을 목표에 따라
지도하라고 명령하는 것은 무엇일까요?

a. 목표 관리에 의한 관리(Management by management
   by objectives)

b. 목표에 의한 목표 관리(Management by objectives by
   objectives)

|

단지 어딘지 모르게 마음에 들어서 해고하지 않는
직원들이 있나요?

|

완벽한 고용주의 이미지를 그려보세요.

|

상사와 해수욕장에 가는 걸 상상할 수 있나요? 상상할
수 없다면, 상사가 얼마나 많은 보너스를 제시하면
거기에 따라갈 건가요?

|

자명종이 울린 뒤 당신은 평균적으로 얼마나 오랫동안
문제가 저절로 세상에서 사라지기를 바라면서 침대에
누워 있나요?

|

당신이 상대를 초기에 휘어잡지 못한 것을 간혹 아쉽게
생각하나요?

돈 ————————————,

부가 모두에게
고르게 돌아간다면
세계는 더 정의로워질까요?

당신은 몇 살 때 처음으로 계좌를 만들 필요성을
느꼈나요?

|

돈은 당신에게 꼭 필요한 것인가요?

|

당신의 명의로 된 은행 계좌가 몇 개인가요?

|

당신의 연인 또는 배우자는 그 은행 계좌들 중 몇 개를
알고 있나요?

|

고액의 지폐를 길에서 발견한다면 어떻게 할 건가요?

|

지나가는 행인이 당신이 고액 지폐권 앞에 멈추는 것을
보고 있다면 당신은 어떻게 행동할 건가요?

|

돈을 소유하고 있다는 것을 실감하기 위해 은행에서
돈을 인출해 지폐를 만져보는 편인가요? 아니면 계좌
상태를 확인하는 것으로 충분한가요?

다음 각각의 경우, 당신이 생활수준에 익숙해지기까지
얼마나 걸릴까요?
a. 생활수준이 올라갈 때
b. 생활수준이 내려갈 때

인간처럼 다람쥐도 생존에 필요한 것보다 더 많은
양식을 저장해놓아요. 그렇다면 다람쥐들이 다른
동물들보다 더 행복하다고 생각하나요?

당신의 우정 중 몇 개가 돈을 통해 생겨난 것인가요?
아니면 몇 개가 돈 때문에 어그러졌나요? 아니면 몇
개가 돈을 통해 구제되었나요?

|

누가 더 돈을 많이 쓰나요? 당신인가요, 당신의
연인(배우자)인가요?

|

누가 불필요한 곳에 돈을 더 많이 쓰나요? 당신인가요,
당신의 연인(배우자)인가요?

|

명확하고 편리한 원칙을 위해 얼마를 지불할 용의가
있나요?

당신이 견딜 수 있는 최저 수입의 한계는 어느
정도인가요?

당신이 부자인데 아무도 당신에게 돈을 빌려달라고
하지 않을 때 당신은 무엇을 의심하기 시작할까요?
a. 부의 효용성
b. 당신이 구두쇠같이 보이는지의 여부

당신은 돈을 얼마나 느슨하게 관리하나요?

|

자본이 가진 도덕적인 힘을 믿나요?

|

무엇이 당신에게 더 끔찍한 일일까요?

a. 온 국민의 평균 수입이 오르고, 당신의 수입만 현
   상태를 유지할 때

b. 온 국민의 평균 수입이 현상 수준을 유지하고,
   당신의 수입만 하락할 때

c. 온 국민의 평균 수입이 하락하고, 당신의 수입도
   하락할 때

|

뭔가 돈벌이가 되는 취미를 가지고 싶은가요? 아니면
취미란 이윤과는 무관한 것이어야 한다고 생각하나요?

|

지구상에 존재하는 부의 불평등과 지능의 불평등 중
당신은 무엇이 더 견디기 쉬운가요?

|

1천만 원을 주고 명품 핸드백을 구입하는 사람이
1만 원을 주고 짝퉁을 사는 사람보다 더 호감인가요,
아니면 더 비호감인가요? 그 이유는 무엇인가요?

|

부
_____ ,

백만장자는
억만장자를 만날 때
어떤 기분일까요?

당신은 이자로 먹고사나요? 아니면 벌써 이자의
이자로 먹고살고 있나요?

|

당신이 은행을 털어도 결코 잡히지 않는다는 보장이
있을 때, 무엇이 당신으로 하여금 그 일을 하지 않도록
막아줄까요?

|

부가 증가할수록 사람은 더 자유로워질까요? 아니면
이제 (국가, 가족, 친구, 사람들로부터) 부를 지켜야 해서
마음이 더 얽매이게 될까요?

|

사람들이 당신을 실제보다 더 부유한 사람으로 보는
편이 나은가요? 아니면 실제보다 더 가난한 사람으로
보아주는 편이 나은가요?

|

당신은 얼마나 많은 돈을 상속받게 될까요? 또 얼마나
많은 돈을 유산으로 남겨줄 건가요?

|

은행 계좌가 없다고 한다면 당신은 돈을 어디에 어떻게
보관할 건가요?

|

산책길에 아늑해 보이는 집 앞을 지나가며 이 집은
집값이 얼마쯤 되겠다 가늠하지 않고 순수하게 볼 수
있나요?

가장 가치 있게 보이는 순서대로 배열해보세요.(세금
부담이 똑같다고 할 때)

a. 100만 유로(약 13억 2500만 원)의 복권 당첨

b. 100만 유로의 주식 차익

c. 100만 유로의 부동산 시세 차익

d. 100만 유로의 유산 상속

e. 100만 유로의 이자 수입

f. 100만 유로의 훔친 돈

g. 100만 유로의 절세 수입

h. 100만 유로의 평생 일하여 모은 돈

아무리 많은 돈을 들여도 세상에서 없앨 수 없는
문제들이 있을까요? 어떤 문제들이 그럴까요?

|

다른 사람에게 양도되지 않는 비행기 마일리지가
10억 마일리지 정도 있다면, 당신은 그것으로 무엇을
할까요?

|

부자들이 행복한 가정, 창조적 재능, 삶의 의욕
등을 모두 가지는 것에 대해 어떻게 생각하나요?
그들이 좋은 것을 너무 많이 가지는 것이 불공평하게
여겨지나요?

|

당신보다 훨씬 젊은데 이미 부를 많이 축적한 사람들을
만나면 시기심을 느끼나요, 경탄하는 마음이 드나요?
아니면 '재산이 많아봤자 그것들을 탕진하는 데 더
많은 세월이 걸릴 뿐이야.'라고 무덤덤하게 생각하는
편인가요?

|

당신이 누군가의 재정 상태를 모르기를 바란 적이
있나요? 그 사람에 대해 재정 상태 외에 더 알고 싶지
않은 것이 있었나요? 아니면 관심을 갖고 싶지 않은
것이 재정 상태뿐이었나요?

|

어느 정도의 액수를 소유한 다음부터 돈은 당신의
관심사를 벗어날까요?

|

지금 누리고 있는 사치 중 당장 포기하더라도 삶의
질에는 전혀 해가 되지 않은 것은 무엇인가요?
그렇다면 당신은 왜 그것을 포기하지 않나요?

|

오랜 세월 만나지 못했던 친구를 우연히 만났다고
해봐요. 당신은 함께 저녁 식사나 하자며 그 친구를
음식점으로 데려갔어요. 그런데 식사 도중 그 친구가
그동안 주식으로 큰돈을 벌었다는 것을 알게 되었어요.
자, 종업원이 계산서를 테이블 위에 놓고 가요. 당신은
이제 어떻게 할까요?

a. 곧장 밥값을 지불한다.

b. 친구가 밥값을 계산하기 바라며 평소보다 더 오래
   계산서를 그냥 놓아둔다. 다는 아니어도 최소한
   비싼 와인은 친구가 계산해주기를 바란다.

c. 친구에게 각자 형편에 맞춰서 밥값을 나눠 내자고
   제안한다.

d. 친구가 밥값을 내겠다고 하면 당신이 내겠다며
   만류한다. 단, 친구가 계산해주었으면 하는 마음이
   눈에 띄지 않을 정도까지만 만류하고 못 이기는 척
   친구에게 계산하게 한다.

친구 _____ ,

당신에게는 얼마나 많은
친구가 있나요?
그중 얼마나 많은 친구를
친구라 부를 수 있을까요?

당신의 친구들을 아끼는 순서대로 나열해보세요.

|

연락도 자주 하지 않고 살지만 여전히 친구라고
생각되는 사람들이 있나요?

|

친구의 수는 당신의 성공 여부에 따라 어떻게
변할까요?

|

당신이 친구가 되기 위해 대가를 지불할 마음이 있는
사람들이 있나요? 그렇다면 어떤 대가를 얼마나
지불할 마음이 있나요?

|

총액이 고정되어 있는 상태에서 친구들의 수입과
재산 상태를 당신이 조정할 수 있다고 해봐요. 어떤
기준으로 조정할 건가요?

|

당신에게 어떻게 하든 절대로 당신의 친구로는
받아들일 마음이 없는 사람이 있나요? 누구인가요?

|

당신의 친구 중 절대로 공감이 가지 않는 친구는
누구인가요?

|

당신이라면 당신과 같은 사람과 친구가 되고
싶을까요?

|

당신은 친구들의 명단을 훑어보며 진실한 친구와
그렇지 않은 친구를 분류하나요? 얼마나 자주 그렇게
하나요?

|

진실하지 않은 친구들에게 그 이야기를 할 수
있을까요? 한다면 뭐라고 말할 수 있을까요?

딩신의 연인 또는 배우자는 당신의 가장 좋은
친구인가요?

누군가와 친구가 되기 위해 당신이 구사할 수 있는
가장 효율적인 전략은 무엇일까요?

연인이나 배우자 때문에 친구를 잃어버린 적이
있나요?

|

당신의 친구들을 하나로 묶어주는 공통점들이
있나요(나이, 헤어스타일, 자동차 모델 등)?

|

당신이 친구들에게 우월감을 느끼려면 친구들과 연봉
차이가 얼마나 나야 할까요?

|

친구 없이도 행복할 수 있을까요?

|

더 쉬운 것은 어느 쪽인가요?

a. 당신이 좋아하지 않는 누군가에게 칭찬을 하는 것

b. 친구의 잘못을 질책하는 것

|

앞으로 누구와 사이가 틀어질지를 예상하고 있나요?

|

당신의 친구 중 당신에게 아무짝에도 쓸모가 없는
친구는 누구인가요?

타인 ─────────────,

타인의 눈으로
나를 볼 수 있다면
얼마를 지불할 수 있나요?

옆집에 사는 당신의 이웃의 이름을 알고 있나요?

|

당신은 일반적으로 어느 때가 더 기분이 좋은가요?
다수와 함께 있을 때? 아니면 소수와 함께 있을 때?

|

다른 사람들의 결점이 유독 눈에 쏙쏙 들어오는
편인가요?

|

당신이 살아가면서 결코 만날 일이 없는 사람들이,
그들의 목소리조차 알지 못하는 사람들이 어느 날 아무
말도 없이 세상을 떠나버릴 것이라고 생각하면 기분이
좀 그런가요?

|

타인을 본 순간 호감을 느낄지, 그렇지 않을지는
무엇으로 결정되나요?

|

굉장히 행복한 사람들로 구성된 그룹이 있다고 할 때
상대적 박탈감으로 슬프거나 언짢아지나요? 아니면
그들의 행복을 보는 것만으로도 덩달아 기분이
좋은가요?

|

사회적 역할과 관계된 모든 것을 배제한다면 당신은
누구일까요?

|

당신의 설득이 상대에게 먹혀들지 않는다는 것이
느껴질 때 당신은 어떻게 반응하나요? 이야기를 더
과장하나요? 아니면 노력을 멈추는 편인가요?

|

침묵이 어색해서 얼른 아무 이야기나 꺼내는 경우가
얼마나 많은가요?

|

일반적으로 당신은 어떤 행동으로 더 많은 해를
야기하나요?
a. 침묵하는 편이 더 나을 때 말을 해서
b. 말하는 편이 더 나을 때 침묵해서

|

당신은 일상적이고 소소한 스몰토크를 얼마나 잘
견디나요?

|

당신이 하는 칭찬 중 얼마나 많은 것이 진심인가요?

|

단순하기 때문에 도리어 당신이 높이 평가하는
사람들이 있나요?

누구와 친해지고 싶나요? 누구와 절대로 친해지고
싶지 않나요?

자신과 다른 생각을 하는 사람들에게 생기는 자연스런
반감을 얼마나 잘 억누를 수 있나요?

당신이 옳다고 생각하는 대로 행동하기 위해 얼마나
많은 사람들의 동의를 필요로 하나요?

|

당신 자신의 의견을 중요하게 생각하기 위해서는
동맹자들이 필요한가요?

|

당신은 누구에게 부당하게 대하나요?

|

사람들이 있는 곳으로 외출하거나 수다를 떨기 위해
전화기를 들 때까지 혼자서 얼마나 오래 견딜 수
있나요?

|

평소 당신 없이도 일이 잘 돌아가는 경험을 얼마나
자주 하게 되나요?

|

사랑
——————————————— ,

사랑으로부터
구체적으로
무엇을 기대하나요?

당신이 사랑을 하기에 적합한 사람이라고 생각하나요?
그렇게 생각하는 이유는 무엇인가요?

당신이 더 이상 사랑에 빠질 수 없는 것, 또는 아무도
당신에게 사랑에 빠지지 않는 것 중 어느 쪽이 안
좋을까요?

스스로 사랑하는 것 혹은 사랑받는 것 중에 당신은
어느 쪽이 더 좋은가요?

사랑의 확인(편지나 제스처 등)이 필요한가요? 아니면
당신이 사랑받고 있음을 아는 것으로 충분한가요?

당신이 사랑받는다고 생각한다면, 사랑받는
이유를 알고 있나요? 상대가 당신에게 그 이유를
알려주었으면 하나요? 아니면 진정한 이유는
그냥 모르는 것이 나을까요? 진짜 별것 아닌
이유, 우스꽝스런 이유, 혹은 창피한 이유일 수도
있으니까요.

다른 종류의 인간적인 호의(공감, 연민, 자비, 호감 등)와
비교하여 사랑이 더 좋은 점은 무엇일까요?

사랑이 전혀 필요하지 않은 때와 장소는 언제,
어디일까요?

|

사랑이 없고 동물적인 욕구만 있었다고 한다면 진화는
얼마나 솔직하고, 얼마나 효율적으로 진행되었을까요?

|

당신의 에로틱한 매력은 얼마나 되나요?

|

사랑에는 어느 정도의 구속력이 있다고 여기나요?

|

첫눈에 사랑에 빠지는 것처럼 첫눈에 미워하게 되는
경우도 있을까요?

|

감정의 정도가 사랑의 질(사랑의 크기, 깊이, 지속
가능성)과 비례한다고 생각하나요?

|

사랑은 어떻다고 생각하나요?

a. 근육과 같아서 쓸수록 강해진다.

b. 관절과 같아서 사용할수록 마모된다.

|

사랑할 때, 당신은 결심을 하고 사랑을 하나요?

|

당신에게 사랑은 문화적인, 다시 말해 일시적으로
지나가버리는 현상인가요? 아니면 생물학적으로 깊은
뿌리가 있는 본능적인 특성인가요?

|

당신은 누구 혹은 무엇을 자기 자신보다 더
사랑하나요?

|

당신이 스스로를 사랑할 수 없는 이유라도 있나요?

|

연인이나 배우자에 대한 사랑은 다음 조건에 따라
얼마나 왔다 갔다 하나요?
a. 상대의 체중
b. 성공 여부
c. 당신에게 보여주는 애정
d. 일반적인 매력
e. 당신의 매력

|

당신이 누군가의 사랑을 받는 경우, 상대방이 당신을
사랑한다는 사실이 당신 편에서도 상대방을 사랑할
마음을 불러일으키나요?

결론적으로 말해 당신이 지금까지 경험한 사랑이
당신의 삶의 목표를 이루는 데 도움이 되었나요?

연인 관계

_____,

현재의 연인이나
배우자에 대해
'추천하기'를 누를 수
있을까요?

그저 다른 사람을 잊기 위해 시작한 관계들이
있었나요?

|

연인 관계가 어떻게 진행될 것인지 미리 알고 싶나요?
얼마나 지속될 것인지, 무엇 때문에 실패할 것인지?
아니면 차라리 알고 싶지 않나요? 그렇다면 이유는요?

|

새로운 관계가 스스로 변화하고 싶은 마음을 갖게
하나요? 아니면 새로운 관계로 말미암아 스스로
변화할 이유가 없어졌나요?

|

연인 또는 배우자와 논쟁을 할 때 돈에 관한 이야기와
돈과 관련이 없는 이야기 중 어떤 것이 더 해결하기가
쉬운가요?

지나간 관계들 중 어떤 것을 '좋았다'고 말할 수
있을까요?

단지 경험을 위해서만 시작한 관계들이 있었나요?

주변 사람들에게 직장을 그만두기 전에 새로운
일자리를 미리 확보하라고 조언하나요? 그렇다면
연애와 관련해서는 어떻게 조언하는 편인가요?

다음 중 어떤 경우가 연인 관계를 끝내는 것이 더
힘들까요?
a. 당신이 연인 관계를 끝내고 싶을 때
b. 당신이 이미 새로운 사람을 만나기 시작했을 때

새로운 연인을 만나는 데 아주 작은 공통분모로도
충분한 경우가 있었나요?

당신이 지금의 관계를 아무런 부작용 없이 없던 일로
돌릴 수 있다고 해봐요. 이런 가능성을 이용하고
싶은가요?

수포로 돌아간 관계들과 관련하여,
a. 관계가 실패할 것이라는 것을 처음부터 알았던
    경우가 있었나요?
b. 실패할 것을 알고 있었지만 인정하고 싶지 않은
    경우도 있었나요?
c. 실패할 것을 알고 있었지만 상대가 변하기를
    희망한 경우도 있었나요?
d. 감수성과 맑은 머리를 총동원해도 관계가 깨어질
    거라는 일말의 조짐도 느끼지 못한 경우가
    있었나요?

당신에게는 어떤 식의 관계가 가장 유쾌한가요?

당신에게 이상적인 파트너(완벽한 남자, 완벽한 여자)가
있고, 일생에 한 번 그를 만나게 된다면, 당신은 지금의
불완전한 파트너에게 어떤 태도를 취할까요?

a. 지금의 상대와 언젠가 헤어질 마음을 먹는다.

b. 배려, 예의, 혹은 전통을 생각하여 헤어지지 않고
   일생 동안 상대적으로 불행하게 사는 걸 감수한다.

c. 이상형을 현재 파트너가 나아가야 할 구체적인
   발전 목표로 정한다.

d. 현재 파트너가 배신을 하거나 세상을 떠나는
   경우를 대비하여 (현재 파트너가 알게, 또는 모르게)
   이상적인 파트너와 접촉하고자 마음먹는다.

e. 이상적인 파트너가 당신에게 맞지 않을지도
   모른다고 생각하며 모든 가능성을 열어둔다.

섹스

——————————,

섹스가 만족스럽지 않은
경우, 파트너에게 어떻게
말하나요?

계속하여 만족스런 섹스를 하는 것과 기꺼이 교환할 수
있는 것은 무엇인가요?

a. 직업적 성공

b. 외모

c. 연인 또는 배우자

d. 지난 10년간의 삶

e. 지능지수 10점

모든 것을 압도하는 강력한 오르가슴을 원하나요?
아니면 그런 오르가슴에 대한 기억이 있나요?

오르가슴에 이르지 못하면 누구 탓을 하나요?

섹스에 대한 이야기를 하는 경우, 어느 부분에서
상대가 섹스를 할 마음이 있음을 눈치채나요? 그리고
어느 부분에서 그 반대라는 것을 인식하나요?

섹스에서 원칙적으로 무엇이 개선되었으면 하나요?

a. 강도

b. 횟수

c. 시간

d. 방식

e. 의미

진짜 오르가슴과 가짜 오르가슴을 구분할 수 있나요?
그렇게 할 수 있는 것이 당신이 예리해서라고 보나요?
아니면 파트너가 연기력이 없어서라고 생각하나요?

오르가슴에 이르지 못해도 오르가슴을 위장해야 할
의무가 있다고 생각하나요?

계속해서 스스로에게 당당하기 위해 당신은 매일
얼마나 큰 노력을 기울이고 있나요?

남녀가 섹스와 무관하게 서로 친구로 지낼 수
있다고 생각하나요? 섹스에 대한 기대가 더 이상
존재하지 않으면 우정도 깨져버릴까요? 아니면
섹스에 대한 기대가 없을 때에야 비로소 진정한
우정이 가능할까요? 만약 그렇다면 무엇이 당신을 더
행복하게 할까요? 우정? 혹은 섹스?

섹스에 이르기까지 평균적으로 몇 시간의 대화가
필요한가요?

부부 관계에서 세월이 흐르면서 전희 시간은 어떻게 변했나요?

a. 전희 시간이 적어짐(관계가 더 효율적이 되었다.)

b. 전희 시간이 더 많아짐

c. 전희만 함

|

인간처럼 동물도 성행위를 하는 것이 쉽지 않다면 지난 1억 년간 지구상의 생태계는 어떻게 발전해왔을까요?

|

당신은 파트너를 어느 정도 만족시키는 데서 스스로 만족하나요?

|

남자인 경우 당신이 여자라면, 여자인 경우 당신이
남자라면 어떻게 성행위를 할지 상상할 수 있나요?

오르가슴에 비해 전희에 들이는 노력이 적당하다고
생각하나요?
a. 남편을 위해 들이는 노력은?
b. 아내를 위해 들이는 노력은?

섹스 없는 문명을 상상할 수 있나요? 노래를
불러주거나 금붕어를 함께 키우거나 하는 걸로 서로의
애정을 표시한다면 어떨까요?

나이 들어갈수록 섹스가 더 좋아지나요, 혹은 더
나빠지나요? 당신이 보기에 이것은 자기 탓인가요,
파트너 탓인가요?

어떤 식으로 자신을 증명하는 것이 당신에게 가장
중요한가요?

a. 성적인 증명

b. 재정적인 증명

c. 도덕적인 증명

성공적인 섹스 뒤에 찾아오는 행복감은 얼마나 오래
지속되나요?

결혼

—————————————————,

당신 부부는 아직 서로
사랑하는 관계인가요,
아니면 서로 좋아하는
관계인가요?

당신은 무척이나 깨지기 쉬우면서도 값진 결혼이라는
이 실험 상자에서 어떻게 실험을 진척시키고 있나요?

당신은 배우자를 어떻게 만났나요?

당신의 결혼은 무엇에 비유할 수 있나요?
a. 고객 유치
b. 합작 투자
c. 전략적 동맹
d. 탈취
e. 구조 조정

배우자의 '계약 조건'을 알고 있나요? 결혼에
승낙함으로써 이 조건을 단번에 받아들였나요?

당신은 집에서 어떤 경영 원칙을 활용하나요?

결혼이 경제적 재화라고 한다면,

a. 당신은 처음에 배우자를 데려오기 위해 얼마나
   지불할 용의가 있었나요?

b. 당신의 배우자와 충분히 살고 난 지금 그를 위해
   얼마나 지불할 용의가 있나요?

왜 결혼 전에는 배우자의 결점을 발견하지
못했을까요? 아니면 그런 결점이 추후에, 즉 당신과
함께 살면서 비로소 생겨났을까요?

|

이해타산적 결혼이라는 것이 있을까요? 아니면 이런
개념은 애초부터 모순된 것일까요?

|

배우자와 회의를 얼마나 규칙적으로 하나요?

|

결혼 생활을 하며 지금까지 다행히 겪지 않은 일은
무엇인가요?

|

당신이 배우자를 가장 효율적으로 설득하는 방법은
무엇인가요?

a. 논리를 통해

b. 매수를 통해(가령 최신 로베르토 카발리 콜렉션)

c. 사랑스럽게 권유함으로써

d. 친구들을 설득하거나 자녀를 매수해서

e. 위협을 통해(가령 이혼하겠다고)

f. 뜻을 굽힐 때까지 불만족스러운 얼굴로 지내면서

g. 이성적인 협상을 통해

h. 과장된 태도로 빚어질 수 있는 모든 결과들을
   상기시키면서

I. 사랑을 박탈함으로써

j. 감정을 내보이면서(진짜 감정이든 위조된 감정이든)

k. 자신의 제안을 이미 실행에 옮겨 성공한 예를
   언급하면서(이웃, 연예인 등)
l. 한 차원 더 높은 이성이나 도덕에 호소함으로써
m. 프레젠테이션을 통해
n. 관습을 언급하면서
o. 신이 배우자에게 영향을 끼치도록 기도하면서
p. 빠르고 결단력 있는 행동을 통해
   |

결혼 제도가 고안되지 않았다고 해봐요. 당신이
지도자(족장, 신, 교황, 왕, 대통령 등)라면 혼란이
빚어지지 않도록 상호 간의 성관계를 어떻게 규제할
건가요?
   |

당신은 성공적인 경우 결혼으로부터 어떤 결과가
초래되기를 바랐나요?

당신의 결혼 생활 중 아웃소싱을 했으면 하는 분야는
무엇인가요?

당신의 결혼 생활 중 어떤 부분이 (긴장감 넘치고, 특색
있고, 엉뚱하고, 예술적인 요소로 인해) 영화 소재가 될 수
있을까요?

어떤 소리가 당신의 결혼에 가장 부합하나요?

a. 베토벤의 〈에로이카〉 연주

b. 기름을 잘 먹인 장난감 오르간 소리

c. 튀는 음반 소리

d. 화장실 변기 물 내리는 소리

e. 동요

f. 통화 중 신호음

|

좋은 결혼은 어느 정도의 진실을 견딜 수 있을까요?

|

여자 & 남자

─────────────────,

연인 또는 배우자와
한 침대에서 자는 것이
좋나요?

신이 오늘 당신에게 이상적인 배우자를 보내준다고
해요. 죽을 때까지 그 사람과 행복을 누릴 거라는
보장하에 말이에요. 당신은 현재의 배우자를 이상적인
배우자와 교환할 건가요? 왜 그럴 건가요? 또는 왜
그러지 않을 건가요?

당신의 연인 또는 배우자에게 마음 놓고 당신의
신용카드를 맡길 수 있나요?

당신은 당신의 연인 또는 배우자를 얼마나 객관적으로
대하나요?

당신의 배우자는 다음 중 어떤 것에 가장 가깝게
느껴지나요?

a. 연인

b. 상사

c. 직원

d. 상품

e. 재활용품

f. 원료

g. 비용 영역(이익을 내지 못하고 비용만 발생시키는
    부서)

|

생물학적으로도, 방어 기술적으로도, 직업적으로도
남성성이 중요하지 않은 현대사회에서 당신에게
남성성은 얼마나 중요한가요?

|

당신이 남성인 경우, 짝짓기가 끝나면 암컷이 수컷을
잡아먹는다는 거미 이야기를 들으면 기분이 좋지
않나요? 반대였으면 좋겠어요?

|

당신의 연인 또는 배우자가 당신에게 무엇을
기대하는지 알고 있나요?

|

둘의 사이가 여전히 유효함을 상대가 믿도록 얼마나
많은 감정을 동원해야 하나요?

|

밤 8시에 저녁 모임에 초대를 받았는데 당신의 연인 또는 배우자가 늘 지각하는 버릇이 있다고 해요. 이제 어떻게 해야 할까요?

a. 연인 또는 배우자에게 약속 시간이 7시 30분이라고 말한다. 즉, 거짓말을 한다.

b. 초대한 사람에게 전화를 걸어 예기치 않은 일이 생겨 8시 30분경에 가겠다고 말한다. 즉, 모임 주관자에게 거짓말을 한다.

c. 연인 또는 배우자에게 최소한 이번만은 약속 시간을 지켜주면 좋겠다고 강하게 이야기한다. 예외적인 행동을 간곡히 부탁한다.

d. 문제의 근원으로 파고들어간다. 대화를 통해 시간 엄수에 대한 필요성을 조목조목 전달한다.

e. 협상을 한다. 가령 약속 시간을 정확히 지키는 대신 평소 갖고 싶었던 것을 사주기로 한다.

f. 연인 또는 배우자가 보는 모든 시계를 30분 앞당겨놓는다.

g. 포기 내지 체념한다. 그러다 보면 나중에 친구들이 알아서 당신에게 약속 시간을 30분 앞당겨 공지할

것이다.

h.   연인 또는 배우자를 시간 잘 지키는 사람으로
     교체한다.

|

연인 또는 배우자와의 관계에서 어떤 것이 더
힘든가요?

a.   감정을 불러일으키는 것

b.   감정을 억누르는 것

|

누가 더 많이 참나요? 당신이 상대를 더 많이
인내하나요? 아니면 상대가 당신을 더 많이
참아주나요?

|

연애

─────────────── ,

이성에게 어떤 칭찬을 들으면
마음이 흔들리나요?

연애 경험이 새로운 사람을 만났을 때 어느 정도
영향을 미칠 수 있다고 믿나요?

이성과 관련한 지식 덕분에 연애를 더 많이 하나요?
아니면 더 적게 하나요?

당신의 매력을 확인하기 위해 실제로 다른 연애 상대를
필요로 하나요? 아니면 상상으로 충분한가요?

상상으로 바람피운 적은 얼마나 많나요? 실제로
바람피운 적은 몇 번인가요?

어디서부터가 바람일까요?

a. 다른 사람을 생각하는 것부터

b. 다른 사람과 첫 저녁 식사를 하는 것부터

c. 집에는 회식이 있다고 말하고 다른 사람과
    처음으로 저녁 식사를 하는 것부터

d. 낯선 여인에게 꽃을(낯선 남성에게 넥타이를) 선물할
    때부터

e. 첫 포옹 내지 첫 키스

f. 성관계

g. 거듭된 성관계

h. 자신의 배우자와 성관계를 하면서 다른 사람을
    생각하는 것에서부터

이성에게 좋은 인상을 불러일으킬 수 있는 당신의
최상의 무기가 무엇이라고 생각하나요?

상대를 유혹할 때 표준 매뉴얼을 따르나요? 아니면
즉흥적으로 하나요?

당신은 몇 살 때부터 연애보다 우정을 더 중요하게
생각하게 되었나요?

당신의 연인 또는 배우자가 바람을 피웠다면, 그 사실을 어떻게 알게 되는 것이 제일 나을까요?

a. 자신의 입으로 직접 담담하게

b. 자신의 입으로 직접 울면서

c. 바람이 일단 지나간 뒤에 자신의 입으로 직접

d. 다른 사람이나 단서를 통해

e. 바람피운 상대를 통해

f. 서신을 통해

g. 신문을 통해

h. 알고 싶지 않다.

당신의 외도 상대가 당신과의 관계가 일시적인 바람일 뿐이라는 것을 알고 있나요? 아니면 당신은 일부러 상대가 그 관계를 단순한 바람 이상으로 생각하게끔 내버려 두나요? 아니면 반대로 당신 생각에는 단순한 바람 이상이지만 의도적으로 그 관계를 바람으로 정의하나요?

고향 & 여행

————————————————— ,

당신 나라에만 있고
다른 곳에서는 결코
발견할 수 없는
삶의 지혜가 있을까요?

당신은 여행으로부터 주로 무엇을 기대하나요?

a. 여행지에 대한 인식

b. 자기 자신에 대한 인식

|

휴가를 한 달 이상 보내다 보면 휴가가 일상처럼
느껴질까요?

|

대학생에게 교환학생 제도가 있는 것처럼 전 국민을
위한 교환 국민 제도가 있다면 당신은 어느 나라로
가고 싶은가요?

|

우주에서도 당신이 살고 있는 나라를 분간할 수 있을
거라고 생각하나요?

|

당신이 살고 있는 나라에 염증이 생겨서 다른 나라로
이민을 가고 싶다고 생각한 적이 있나요?

|

당신이 사는 나라가 싫지만 이민을 생각하지 않은
이유는 무엇인가요?

|

당신 몸의 박테리아에게 당신은 고향과 같은
존재일까요?

|

다른 나라의 정치인 중에서 우리나라로 데려오고 싶은
사람이 있나요?

|

우리나라의 정치인 중에 우리나라에서 썩는 것이
아깝고 세계를 위해 일할 만하다고 생각되는 정치인이
있나요?

|

비행을 할 때 당신은 땅을 내려다보지 않고 공중을
보는 것이 더 나은가요?

300명의 승객과 함께 비행기 안에 앉아 있어요. 한참
전부터 하강비행에 접어들었는데, 아직 땅이 보이지
않아요. 이 이야기를 끝까지 진행시켜보세요.

삶이 여행이라면, 여행사는 무엇일까요?

쓰지도 않을 노트북을 휴가 갈 때 가지고 갔다가 끝내
쓰지도 않고 도로 가져온 적이 얼마나 많았나요?

무제

――――――――――――,

강아지가 길에서
눈먼 강아지를 만나면
무슨 생각을 할까요?

강아지가 우는 걸 본 적이 있나요?

|

이야기 속 등장인물을 자신의 집에 초대하여 와인 한잔
할 수 있다면 누구를 초대하겠어요?

|

불행과 관련하여 다음 중 어떤 원인이 당신을 더 많이
놀라게 할까요?

a. 기술적인 고장

b. 인간적인 실패

|

자연에는 오류가 없을까요?

|

믿지 않는 자연법칙이 있나요? 무엇인가요?

|

당신이 갈릴레이 시대에 이미지 컨설턴트였다면
종교재판에 회부된 갈릴레이에게 어떤 조언을
했을까요?

|

우리와 함께 석양을 보고 즐거워할 동물들은 다 어디에
있을까요?

|

악의 반대는 선일까요, 아니면 악의 부재일까요?

|

당신이 비용과 상관없이 실험을 할 수 있다고 한다면,
어떤 실험을 하고 싶나요?

|

체내 에너지를 합성하기 위해 광합성이나 배터리 같은
더 간단한 대안을 선택할 수 있다고 할 때, 당신은 그런
대안을 포기하고 지금처럼 자발적으로 음식을 먹고
소화시키고 배설을 함으로써 에너지를 얻는 방법을
택하겠어요?

|

다른 인종을 서로 다른 종의 인류라고 주장하려면
얼마나 많은 유전적 차이가 필요할까요?

|

다른 문화들에 비해 인간성을 잘 보존하고 있는
문화들이 있나요?

|

아무 소용없는 말이지만, 당신이 1901년 당시 레알슐레 린츠(히틀러가 다녔던 학교)의 교장이라면 히틀러로 하여금 무엇을 공부하도록 만들었을까요?

식인종을 잡아먹는 종족도 있을까요?

아이가 더 나은가요, 강아지가 더 나은가요?
아이에게는 강아지가 나을까요, 당신이 더 나을까요?
강아지에게는 어느 쪽이 더 나을까요?

세계가 존재하는 것이 존재하지 않는 것보다 어느
정도로 더 좋을까요?

|

이 세계의 특징을 세 가지만 말해보세요.

|

확고한 규칙에 따라 돌아가는 세계에서 산다면 더
좋을까요?

|

밤에 하늘을 올려다보며 당신이 우주의 먼지에
불과하다고 생각하면 열등감이 느껴지나요? 그렇지
않다고요? 그런 자신감은 어디서 오나요?

|

운석 충돌로 인류가 멸망하게 될 거라는 소식을
들었다고 해봐요. 어떤 매체가 보도해야 그런 소식을
믿을 수 있을까요?

|

인간과 비슷한 지적 능력을 지닌 우주 생명체가
발견된다고 해봐요. 인류와의 우정이 맺어질 거라고
생각하나요? 왜 그렇게 생각하나요?

|

당신에게 특히나 친근감이 느껴지는 시대가 있나요?
언제인가요?

　|

어떤 세계가 당신에게 가장 유쾌할까요?

a. 모두 장님인데 당신만 외눈박이인 세계

b. 모두 두 눈을 가졌는데 당신만 외눈박이인 세계

c. 모두 세 눈을 가졌는데 당신만 두 눈을 가진 세계

　|

당신에게 딱 한 번 세계사에 개입할 기회가 생긴다면,
정확히 언제, 어디서, 어떻게 개입할 건가요?

　|

하늘에서 내리는 눈이 어떤 색깔이면 가장 좋겠어요?

|

밤의 배경색을 검은색 말고 다른 색으로 설정할 수
있다면 어떤 색깔로 하고 싶은가요?

|

소원을 빌기만 하면 모두 이루어진다고 할 때, 세상은
더 좋아질까요? 아니면 그냥 소원으로만 간직했으면
하는 것들이 있나요?

|

당신 생각에 자연은 인간에게서 무엇을 배워야
할까요?

|

정정당당한 죽음은 어떤 죽음일까요?

|

당신이 좋아하는 야구팀이 승리하면 왜 그렇게
좋아하나요? 거기서 당신이 얻게 되는 것이
무엇인가요?

|

·

운동을 통해 수명을 어느 정도나 늘릴 수 있다고
기대하나요?

|

당신은 일반적으로 과소평가되는 것 같은가요,
과대평가되는 것 같은가요? 어느 쪽이 당신에게 더
좋을까요?

|

우리의 일상 언어에서 가정법을 없앤다면 어떨까요?

|

종교

————————————,

당신은 이성보다
신앙에 의지하려는
경향이 있나요?

비이성적인 것에 대한 당신의 욕구는 얼마나 큰가요?

신앙이 있는 경우, 당신의 믿음은 감정과 비슷한가요,
아니면 지식과 더 비슷한가요?

증명할 수는 없지만 진실이라고 여기는 것들이
있나요? 무엇인가요?

종교가 있다면, 신은 당신의 치료사인가요?

|

종교가 없다면, 당신의 치료사가 당신의 신인가요?

|

종교가 당신에게 약속하는 것들이 정말로 실현될
확률이 어느 정도라고 보나요? 퍼센트로 표시해
보세요.

|

당신이 성경의 노아라면 어떤 동물을 방주 속으로
데리고 들어갔을까요?

방주에 초대하지 않을 민족도 있나요?

동물들은 우리를 신으로 여길까요, 바보로 여길까요?

저세상에서의 영원한 삶이라는 제안이 충분히
매력적인가요? 아니면 당신으로 하여금 신앙을 가지게
할 만한 더 적절한 보상이 있을까요?

당신은 어떤 존재를 닮고 싶은가요?

믿음에 대한 보상이 내세가 아니라 현세에서
주어진다면 종교를 받아들이기가 더 쉬울까요?

천국과 지옥 중 어디에서 더 흥미로운 사람들을 발견할
수 있을까요?

|

천국은 없고 지옥만 있다는 것이 분명히 밝혀졌다고
한다면, 당신은 좀 다르게 살 건가요?

|

나이 듦 ———————,

늙어가는 것을
즐길 수 있을까요?

'그 나이까지는 되고 싶지 않다'라고 생각하는 나이가
있나요?

|

우리의 감정이 수명에 어떤 방식으로든 영향을 미칠 수
있다고 생각하나요?

|

커리어에서 젊은 사람들에게 추월당할 때, 몇 살부터
이것을 능력 탓이 아니라 나이 탓으로 돌릴까요?

|

나이가 들어가면서 구체적으로 어떤 깨달음을 얻기를
기대하나요?

당신은 나이가 들어갈수록 꿈이 더 구체적인가요(직장,
집, 자동차, 가족계획 등), 아니면 더 추상적인가요(세계
평화, 자연 친화, 행복감 등)?

어느 나이부터 더 이상 다른 사람들의 눈에 비친
자신의 모습을 알고 싶지 않을까요?

어떤 말을 죽기 바로 직전까지 비밀에 붙일 건가요?
어떤 말을 무덤 속까지 가져갈 건가요? 이렇게 할 말을
하지 못하는 것이 때로는 힘든가요?

|

당신의 시간 감각이 물리적 시간과 일치했으면
하나요? 이런 경우 삶이 당신이 느끼는 것보다 더 길게
느껴질 것 같나요, 아니면 짧게 느껴질 것 같나요?

|

언제가 당신 인생의 전성기였나요? 앞으로 이런
전성기를 능가하는 인생의 클라이맥스가 도래할
거라고 생각하나요?

|

어느 날 아침 깨어보니 밤사이에 10년이나
늙어버렸다면 어떻게 할까요?
｜

당신은 무엇으로 나이를 정당화하나요? 젊은 세대가
나이 든 세대를 30-40년이나 재정적으로 부양할
도덕적 의무가 있다고 보나요?
｜

시각, 청각, 미각, 후각, 촉각 중에서 맨 마지막으로
잃어버리고 싶은 감각은 무엇인가요?
｜

노화가 정신적으로만 진행되면 좋을까요? 가만히 앉아 있으면 당신이 늙은 사람이라는 걸 아무도 눈치챌 수 없게 말이에요.

|

'정신력을 위한 정력제'가 있다면 당신은 얼마를 주고 구입할까요?

|

어느 곳의 평균 기대수명을 적절하다고 생각하나요?

a. 유럽

b. 아시아

c. 아프리카

|

아직 사과해야 할 사람이나 사과해야 할 일이
남았나요?

|

맨 마지막으로 나무에 올라간 것이 언제인가요?

|

마지막으로 나무에서 떨어진 것이 언제인가요?

|

병에 걸린 것이 오히려 좋은, 그런 병들이 있을까요?

　|

보청기를 낀 마릴린 먼로를 상상할 수 있나요?

　|

몇 살부터 당신은 다시 한번 사랑에 빠질 가능성을
아예 배제하며 살까요?

　|

신
—————————————————,

기도로 신을 움직일 수
있다고 믿나요?

사후에 영생이 아니라 유한한 삶을 선택할 수 있다면
신을 믿는 것이 더 쉬울까요?

신의 확실한 계시를 받을 수 있다면 이를 위해 얼마나
지불할 마음이 있나요?

당신이 신의 존재를 확신한다면, 이 사실을 다른
사람들에게 알리기 위해 얼마나 애쓸 건가요? 아니면
다른 사람들에게 신의 존재를 알리는 일을 그냥 신이
알아서 하도록 맡겨둘 건가요?

신이 스스로를 당신에게 나타내는 가장 유머러스한
방법은 무엇일까요?

|

신이 외국어로 당신에게 말을 한다면 당신은 신에 대한
신뢰도가 떨어질까요?

|

신이 가장 합당하게 생각하는 원유 가격은 어느
정도일까요?

|

당신이 기도하는 사람이라면, 신을 어느 정도 알아야
기도가 가능할까요?

|

오늘 신 앞에 나아가야 한다면 어떤 복장으로 갈
건가요?

|

신으로 하여금 어떤 일을 하도록 만들려면 어떻게 해야
할까요?

|

신의 고객 서비스와 관련한 만족도를 어떻게 평가할 수
있을까요?

신으로부터 세계에 대한 계시를 받는 유일한 사람이
된다면 그 책임감을 견딜 수 있을까요?

신이 존재한다는 걸 어떻게 알까요?

강아지들은 자신의 구원자를 어떻게 상상할까요?

|

신이 영생을 주는 사람이 제한되어 있다고 한다면,
당신은 어떤 방법으로 신을 설득해서 당신에게 영생을
주도록 할 건가요?

|

신이 당신과 더불어 교감하고 있다고 믿나요?

|

기대수명이 자연적인 한계를 넘어서 연장되는 것이
생명의 의미와 관련하여 새로운 인식을 가져다줄 수
있을까요?

지구 외에 다른 천체에서 생명체가 발견된다면 당신은
신에 대한 이미지를 대폭 수정하게 될까요?

자동차 브랜드처럼 많은 신이 있다고 한다면, 어떤
기준에 따라 신을 선택할까요? 교환가치를 어느
정도로 따질 건가요?

천국에서도 민주주의가 용인될까요?

|

신이 하나가 아니라 여럿이라고 한다면, 한정된
소비재를 놓고 신들끼리 경쟁하는 것이 유익하다고
생각하나요?

|

내세를 생각할 때 당신에게 가장 걸림돌이 되는 것은
무엇인가요?

a. 영원히 지속된다는 사실
b. 모두가 평등하다는 사실
c. 품행이 단정해야 한다는 것
d. 다시 만나고 싶지 않은 사람들을 만난다는 것

|

지적인 동물들이 신의 존재를 인식하게 되기까지
얼마나 많은 진화가 필요할까요?

|

신이 공정하지 않다는 걸 알았다고 하더라도 당신은
신을 사랑할 건가요?

|

당신은 저세상에서 얼마나 자주 이 세상을 그리워하게
될까요?

|

천국에서 '인간 노조'에 가입할 건가요?

|

신이 여성이라고 해봐요. 이를 통해 이 세상 여성들과
당신의 관계가 어떻게 변할까요?

|

죽음

————————————————,

죽음에도 희망적인 요소가
있을까요?

죽음이 존재한다는 것을 처음으로 알았을 때 당신은
상심이 얼마나 컸나요?

죽음이 올 때 당신은 어디에 있고 싶나요?

죽음에 대한 당신의 개인적인 대안은 무엇인가요?

당신이 창조주라고 한다면, 인간으로 하여금 죽음 외에
어떤 방법으로 세상을 떠나게 했을까요?

|

당신이 처형당하기 직전이고 마지막으로 30초간
메시지를 남길 수 있다고 한다면, 당신은 뭐라고
말할까요?

|

무엇이 더 끔찍할까요?

a. 죽음

b. 불멸

|

의학적 진보로 우리가 도무지 죽을 수 없다고 해봐요.
그럼에도 세상을 떠나려면 어느 편이 더 좋을까요?

a. 밝은 대낮에 운석 충돌로 인해 생을 마치는 것

b. 스스로 손목을 긋는 것

죽음 혹은 죽음으로 인한 슬픔을 세상에서 없앨 수
있다고 한다면, 당신은 둘 중에 무엇을 세상에서
퇴출시키고 싶나요?

유달리 많이 슬퍼하는 사람은 기쁠 때도 유달리 더
기뻐할 거라고 생각하나요?

당신이 몇 살에 죽을지를 안다면 좋을까요? 얼마나
좋을까요?

다음 중 어떤 결합이 더 좋을까요?
a. 유한한 신체-불멸의 영혼
b. 불멸의 신체-유한한 영혼
c. 유한한 신체-유한한 영혼

죽음이 끝이 아니라고 한다면, 당신은 다르게 살까요?

모두에게 똑같은 수명이 주어지는 세상이 더
좋을까요? 왜 좋을까요? 좋지 않다고 생각한다면 왜
그럴까요?

|

고통 없이 죽는 것은 당신에게 얼마나 중요한가요?
만약 중요하다면 고통 없는 죽음 대신 인생을 살면서
기꺼이 그에 상응하는 고통을 감수하겠어요?

|

500년 전 판매되던 면죄부가 유효해서 천국에 들어갈
확률을 어느 정도 높일 수 있다고 한다면, 당신은
얼마를 들여 면죄부를 살 마음이 있나요?

|

자기 스스로 세상에 태어날 가능성이 있다면, 자살에
대해서는 어떻게 생각하겠어요?

당신이 어디에 어떻게 매장될지를 아는 것은 당신에게
중요한가요? 왜 중요한가요?

영생 가운데 죽음이라는 옵션을 선택하기 위해 어느
정도의 비용을 치를 마음이 있나요?

세상을 떠나기 전에 없애버릴 편지, 사진, 그림, 메모,
일기가 있나요?

|

사후의 삶이 있고 당신이 이 세상에서 딱 한 가지를
가져갈 수 있다면, 무엇을 가져가고 싶은가요? 가장
가져가고 싶은 것부터 순서를 매겨보세요.

a. 책

b. 노트북

c. 핸드폰(충전기 포함)

d. 자동차(기름을 꽉 채워서)

e. 배우자

f. 자녀 중 한 명

g. 여행자 보험

h. 스위스제 주머니칼

|

아름답게 죽는 것은 당신에게 얼마만큼 중요한가요?

|

신이 아니라 사회가 당신이 죽어도 좋을지를 결정하는
편이 당신에게 더 좋을까요?

|

죽으려고 했던 적이 있나요? 왜 그랬나요? 그런 적이
없다면 그 이유는 무엇인가요?

|

당신은 사람들의 기억 속에 남고 싶은가요?

a. 그 이유는 무엇인가요?

b. 어떻게 기억에 남을 수 있을까요?

c. 누구의 기억 속에 남고 싶은가요?

d. 누구의 기억 속에서는 완전히 지워지고 싶은가요?

그런데, 나는 누구인가

초판 1쇄 인쇄 2018년 9월 19일
초판 1쇄 발행 2018년 10월 2일

지은이 | 롤프 도벨리
옮긴이 | 유영미
펴낸이 | 한순 이희섭
펴낸곳 | (주)도서출판 나무생각
편집 | 위정훈 조예은
디자인 | 박민선
마케팅 | 이재석 한현정
출판등록 | 1999년 8월 19일 제1999-000112호
주소 | 서울특별시 마포구 월드컵로 70-4(서교동) 1F
전화 | 02)334-3339, 3308, 3361
팩스 | 02)334-3318
이메일 | tree3339@hanmail.net
홈페이지 | www.namubook.co.kr
트위터 ID | @namubook

ISBN 979-11-6218-035-8 03320

이 도서의 국립중앙도서관 출판예정도서목록(CIP)은 서지정보유통지원시스템 홈페이지
(http://seoji.nl.go.kr)와 국가자료공동목록시스템(http://www.nl.go.kr/kolisnet)에서
이용하실 수 있습니다. (CIP제어번호: CIP2018027628)